JN438382

오늘의문학시인선 379

다헌 송은애

10번째 시집

오늘의문학사

27p. 뻐꾹나리

나는 들꽃처럼 살기를 원했다.
들꽃은 자유롭기에 그의 삶을 닮고 싶었지만
과연 나는 그 마음을 닮았을까?

28p. 노란 도깨비바늘꽃

29p. 고구마꽃

30p. 노란 원추리

33p. 에키네시아

36p. 비비추

37p. 새우초

38p. 개연

40p. 추명국

43p. 붓꽃

꽃들은 아랑곳하지 않고
자연의 순리대로
자연스럽게 피었다 졌다.

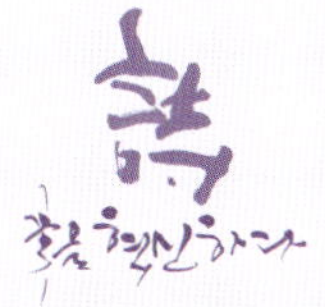

75p. 능소화

52p. 요강꽃더덕

54p. 범부채

56p. 칡꽃

31p. 빨간 해바라기

61p. 아당화

62p. 으아리 꽃받침

63p. 부용화

66p. 선인장 꽃(벨루스)

91p. 금낭화

꽃잎 몇 장으로 떨어지는가 하면
바람에 실려 멀리 사라질 때도 있지만
꽃들은 두려워하지 않았다.

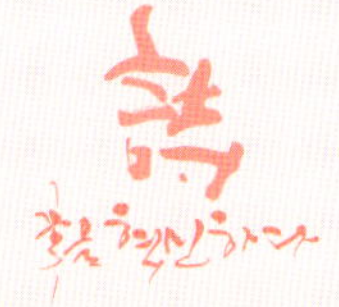

101p. 복수초

102p. 어리연

103p. 얼레지

110p. 변산 바람꽃

111p. 좀딱취

119p. 유리호프스

121p. 가시꽃

126p. 천상초

128p. 송엽국

130p. 방울꽃

꽃들에게서 피어남을 배우고
때를 알아 미련없이 떨어지는 과정을
숙연하게 받아들이면서 말이다.

詩 꽃은 헌신하는가

국립중앙도서관 출판시도서목록(CIP)

詩 꽃을 혁신하다 : 다헌 송은애 10번째 시집 / 지은이: 송은애. -- 대전 : 오늘의문학사, 2016
p. ; cm. -- (오늘의문학시인선 ; 379)

ISBN 978-89-5669-772-7 03810 : ₩9000

한국 현대시[韓國現代詩]

811.7-KDC6
895.715-DDC23 CIP2016020857

오늘의문학시인선 379

다현 송은애 10번째 시집

송은애 시집

오늘의문학사

■ 시작메모

두 번째 시집에서 나는 들꽃처럼 살기를 원했다.

들꽃은 자유롭기에 그의 삶을 닮고 싶었지만 과연 나는 그 마음을 닮았을까?

회환의 나이에 나를 반추하며 내 눈앞에서 아른거리는 꽃들의 삶을 그려내려 안간힘을 쓰고 있는 나를 발견하고는 헛웃음으로 포장하고 있다.

과연 나는 그들의 삶처럼 자유스러웠을까?

꽃들의 질서와 자유를 얼마큼 그려냈는지 늘 부끄럽다.

때로는 앞선 마음으로 실제로 꽃을 만나지 못하고 사진으로만 아니, 그 이름의 느낌으로만 글을 쓰기도 했다.

그러면서 거창한 말로 혁신이라는 단어를 겁없이 썼다.

꽃들은 아랑곳하지 않고 자연의 순리대로 자연스럽게 피었다 졌다.

꽃잎 몇 장으로 떨어지는가 하면 바람에 실려 멀리 사라질 때도 있지만 꽃들은 두려워하지 않았다. 전신으로 낙화하는 몇 안되는 꽃도 보면서 말이다. 실로 그 자유로움에 나는 고개를 떨구고 마음을 다시 다스릴 수 있는 기회를 만들었다고 볼 수 있다. 이제 신이 준 선물만큼 살았다. 덤으로 나머지는 특별한 선물처럼 살 것이다.

나를 둘러싸고 있는 모든 것들에게 겸손하고 자유로우면서도 질서를 파괴하지 않는 자연처럼 순수하고 아름답게 살 것이다. 꽃들에게서 피어남을 배우고 때를 알아 미련없이 떨어지는 과정을 숙연하게 받아들이면서 말이다.

길마루에서 다헌

오늘의문학 시인선 379

詩! 꽃을 혁신하다

1부 봄바람에 피는 꽃

2부 더위에 더욱 빛나는 꽃

3부 갈무리 속에 의연한 꽃

4부 내일을 약속하는 겨울 꽃

1부

봄바람에 피는 꽃

봄에 피는 꽃들은 작고 화려하다.
지난겨울을 혹독한 시련으로 견뎌내서인가
단단한 희망까지 내포하고 있다.
특히 봄꽃들이 담고 있는 사연은 다양하다.
지나는 꽃샘바람도 동장군의 시샘도 모두 안고가야하기에
그런가보다. 잔설 속에서 피어나는 작은 꽃들이
때론 안쓰럽기도 하지만 당당하다.
그래서 더욱 가슴에 남는다.
바람을 안고 피어나는 변산 바람꽃을 비롯 꿩의 바람꽃,
설악 바람꽃, 홀아비 바람꽃 그리고 노루귀…
이름도 아름답다.

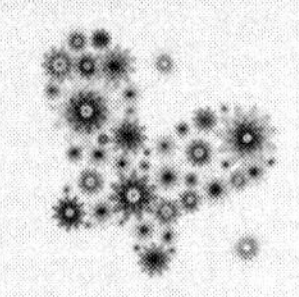

| 詩! 꽃을 혁신하다 |

여뀌(요화蓼花)

오밀조밀 내겐 여유가 없다.
지하를 지배하던 영혼은
파 헤쳐져 어디론가 사라지고
마른 땅 위에 펼쳐진 금잔디도
번식을 중단했다.

정해진 시간은 입동을 향하는데
아직 뿌리 내리지 못함은
마치 번식을 중단한 금잔디 같다.

사위질빵 꽃

이밥도 닮고
입하목도 닮았다니
내 사랑 장모사랑
배고픈 보릿고개에
내어 줄 밥 없으니
고슬 지은 이밥처럼 닮은 저 꽃을
대신하여
사랑으로 담아내다.

노루오줌

한낮 태양은 식을 줄 모르고
스치는 인연이란
피어오르는 신작로 마른 먼지처럼

어깨를 다 보여주며
떠나는 그녀의 가슴에
여리여리 흔들거리며
욕정마저 태우는
가늘고
강렬한
태고의 향기를 뿜어낸다.

홍매화

동백아가씨는 겨울이 서러워
밤새 울고
때 아닌 춘설에 꺼억꺼억
울어버린 홍매화

지나는 길
끝자락 내려 보며
떠난 님 그리워하다
질투로 피어난 개나리와
다닥다닥 시샘으로 피어난
박태기 꽃 보며
위안 삼고 돌아선 자리에
눈물 한 방울
뚝!

뻐꾹나리

회갑 되어 만난 첫 경험의 꽃
윤회의 굴레를 벗어 던지다.

그것도 감투라고 들고 서서
세상을 모두 치유하려는
야심조차 끌어안았다

어둠을 뚫고
도도하게
도도하게
소소한 일상을
화려하게 부활했다.

노란 도깨비바늘꽃

도깨비 뿔 닮았다는 이파리는 바늘
암벽을 타는 듯 여린 몸매에 고사리 손
도전하는 염원의 애타는 가슴 열어 보인다.

노란 나빌레라
노란 나빌레라

버선발 치켜세워 가슴 열린 그대 품에
바늘꽃 거부해도 안길레라
도깨비 난리쳐도 안길레라

내 너른 가슴 곁에

고구마 꽃

이른 아침에 나는 기지개 펴며 활짝 웃었다.
밤새 담아낸 튼실한 꿈을 보이기 위해
한낮 뜨거운 햇살에 내 사랑 날아갈까

앙 다문 입술이 첫사랑 지키려는
순이 입술 아니겠는가!
보아라, 뿌리 끝에 여물어가는 희망을

노란 원추리

한여름 밤에 열대야가 낮은 무덤가에 앉았다.
고추잠자리 꼬리에 잔뜩 묻은 가을
봄 껴안은 노란 햇살 푸른 여름에 잡혀있다.

세월은 흐르고 세상은 서러운 삶에 갇혀
하늘이 노랗도록 발버둥 치는데
그래도 꽃이리고 활짝 피있다.

빨간 해바라기

토종, 토박이 이름하에 붉어진 얼굴
청국장 뚝배기보다 달구어져 있다.
허름하고 녹슬어 삐거덕거리는 철 대문 옆에

고고히 하늘 바라기하는
가슴앓이는
칠월의 어느 모퉁이에 머물러 있다.

사랑하는 이여!
햇살 따사로운 날
주홍글씨처럼 낙인 된 표적 아래
숨길 수 없는 흔적일랑 버려두고
팔월의 뜨거운 열정을
여과없이 받아들이자.

쪽

운석 하나 내려와 음지에 둥지 틀고
그곳에 우주를 만들다
태초 바다를 삼켜 물들게 하니

숲으로 환생하다.

파도를 불러와 쪽빛으로 물들다
바람결에 여유마저 부르더니
내 안에 너를 품어 돌고 도니

우주로 탄생하다.

에키네시아

비록 이름은 이국적이나 이곳에 뿌리 내린 것이
삼백 예순 다섯 날이 여삼추로 지났다.
한 여름 더위는 온 몸으로 받아내고
열정의 꽃들을 보며 유유자적 꽃밭을 지키고
잔다르크처럼 고집스런 속내를
천연덕스럽게 보이는 방패 든 여인이다.

도라지 꽃

어젯밤 또 한사람이 별이 되었나보다.
죽어 별이 된다는 그 속설이
아직 뜨락에 남아 있어

밤새 속 태우다 별꽃으로 터졌다.

족도리꽃

엄마의 12폭 치맛자락은 궁금증을 불러일으키고
밤새 듣던 명주천 수틀 바느질 소리
또르륵 또르륵 그 결에
황새 한 마리 소나무 아래
고요히 자리 잡았다.

얼굴도 가물가물 떠난 님은
돌아 올 기척도 없는데
반짇고리 곁을 지키는 족도리 오색 빛이
저무는 인생길 위로하며
자색으로 일어섰다.

비비추

상사화 꽃대 올린 길 따라
바위틈에 살짝 안도의 한숨 내려놓았다.

그 빛에 가려
그 모습에 비껴
내 모습 찾기 어려웠지만
본연의 자태 잃지 않고
어미의 자색 옷고름 태연하게 분출했다.

새우초

그에게선 동해안 바다가 출렁인다.
외딴 섬 아래 물결 따라 흘러온
뭍의 사연조차 이지러지고

어느 날엔가
서해의 복잡한 바다 사연이
그물 끝 부여잡고 심해의 비밀을
혼자 아쉬움으로 담아내며
구부러진 허리 펴며 큰 바다도 품었다.

개연

그의 정열을 보았는가?

남들이 하지 못하는 그 개연성을 아는가?
하늘은 모든 것을 포기한 듯
햇살을 쏟아 붓고
아무리 열어 놓아도 넘치고 넘치는
그대의 열정 뒤로
여인의 속내를 보았다
열정의 정사를 훔쳤다

빛바랜 가슴에 살아 숨쉬는
황금빛 춤사위

며느리 밑씻개

어미를 만난 건 그녀 나이 삼십세였다.
와당 끝 부수어지고
석가래 감나무 잎조차 떠받들지 못하던 어미는
가슴에 칼 한 자루 묻어두곤
모시 저고리 벗어 던졌다.

그 저고리 별 되어 하늘하늘
수줍게 피어났다.
어미 칼끝에 묻어난 한이
풀잎에 숨었네
별이 되어 숨었네
세상사 남은 미련
습지에 숨겨두고
가시 되어 숨었네
별 꽃이 되어 숨었네.

추명국

가녀린 허리에 가을을 담았다.
양귀비를 닮았다고
국화를 닮았다고
꽃을 피우기 전 이미
세상을
우주를 담았다고
솜털 속에 숨기고
가을보다 먼저 가을을 담았다.

달개비

밤새 내린 달빛 머금고
가슴에 남은 햇살의 미련으로
바다를 그리다
가시나무새 날개를 빼닮은
파랑새 빛 소년아!

골담초

외로움이란 녀석이
늘
가슴 한켠에 살아있어
떠난 옛사랑을
떠올리게 한다.
산허리 맴돌며
흐르는 저 개여울에 잠시
머무는 물처럼
새로운 길 찾느라 발버둥 치는데
늘어나는 건

더 큰 외로움뿐

붓꽃

쉽게 울었다
정말 쉽게도 울었다
하늘은 잠시 함께하는 것 같았지만
그대가 풀어내는 그 푸른빛에 물들어
나를 외면하더이다.

그래서 더 쉽게 울었다
바다가 땅이 되고
그 땅이 바다가 되도록

사랑초

애초부터 그는 사랑에 눈멀어 있어
끝도 없는 사랑의 멀미는
온전한 태양을 받아줄 수 없었으니
세상을 향한 도전의 한계는
사랑으로 붉게 물들게 하였다.

하늘이시여!
하늘이시여!
온전한 사랑 이루게 하소서
이미 눈멀어 세상 바라볼 수 없으니
그 너른 가슴 내게 주소서
그 진한 하늘 허락해주소서
온 몸으로 원하오니
천지가 푸르도록
이 열정 받아주소서

동백꽃

내 몸 하나 떨어져
봄이 온다면
기꺼이
전신으로 낙화하리다.

탱자 하나

계절 내내
가시 끝 세우며 까칠하더니
탱자 하나
사리를 품었다.

지나는 구름 하나
바람 한 점
길고양이 발자국
소중히 담더니
국화가 가져온
가을도 담았다

상사화

초봄 새싹 돋아날 때
힘찬 발걸음의 잎사귀가 바람에 쓰러졌다.
봄을 시샘하는 동장군 위력에 힘없이
볼품없는 모습 안스러워 잘라 내버린 곳에서
꽃대를 기다리며 미안해하는 마음 알았는지
어둔 길 잃지 않고 꽃대 올린 그녀
태풍이 몰고 온 비 · 바람 고스란히 맞고 있다.

안스러 안스러 지짓대 세워 주고는
먼저 간 잎사귀 소식 들으려
두 귀 쫑긋 세운 모습이 노루귀를 닮았다.
뒤꿈치 올려 가시나무 위로 내려다본
햇살은 잠시 빗물에게 양보하고
다음 사연 준비하고 있다.
맑은 눈에 담아낸 지난날의 모습들을 전하려

2부

더위에 더욱 빛나는 꽃

꽃에 관심이 없었을 때는 봄에만 꽃이 피어나는 줄 알았다.
그런데 생각보다 여름 꽃이 많다.
또 이상하게도 여름에 피는 꽃은 대부분 흰꽃이 많다.
찔레꽃도 물싸리꽃도 그리고 이팝나무의 꽃도 모두 흰꽃이다.
찾아보면 여름에 더위를 식혀주는 꽃은
의외로 많다는 것을 관심만 가진다면 금방 알아낼 것이다.
거리에 흐드러진 망초대를 보지 않는가?
하지만 더위에 더욱 빛나는 꽃은
단연 우주를 품고 있는 선비 꽃 배롱나무 꽃이다.

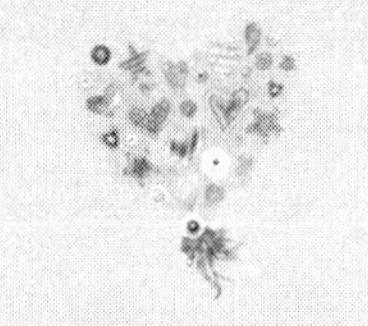

| 詩! 꽃을 혁신하다 |

채송화

지난해 쌓였던 사연 따윈 구름에 실려 보냈고
겨우내 텃밭 귀퉁이 잔재처럼 존재감 없이
잃어버린 고향인 양 살았다.
그래도 아름다운 건 추억이 살아 있어서다

요강꽃 더덕

그녀의 입안에서 바다내음이 나고
코를 찌르던 이파리 향내와 더불어
눈앞을 어른거리는 햇살 사이에 핀
땅 냄새가 자욱한 담 모퉁이 요강 꽃
서울서 내려온 뽀얀 얼굴의 전학생이
입었던 항아리치마
동네 꼬마 녀석들 치마 속이 궁금해
두 손이 꼬물꼬물 요동을 친다.

산 원추리

시끄럽고 어지러운 세상
잊은 지 오래다.
태초부터 내 영역을 벗어난 외고집 살려
피어나리라
피어나리라
그대들의 버려진 지친 삶을 껴안고
피어나리라.

범부채

나 돌아가리라!
산기슭 어슬렁거리던 그 열기로

나 사랑하리라!
세상을 섭렵한 범의 기상처럼

나 피어나리라!
언제든 돌아갈 수 있는 그곳에서

달맞이꽃

너희들이 햇살을 반긴다면
나는 달빛과 놀겠다.
거부감 없이 지쳐 쓰러질 때까지
하늘빛 노랗게 물들 때
나는 달빛을 즐겨먹는다.

칡

기운은 자꾸 땅속으로 기울고
넝쿨은 하늘 높은지 몰라
한 여름 더위마저 무시한 복중의 반란
찾는 이 없는 고요한 야산 기슭에
열정의 눈빛 밝히며
그늘 밑 적막함에 불을 지폈다

망초 집합소

꽃 속 내면에도 갈망이란 끈질김이
살아 있었나 보다
뿌리 끝 저 밑바닥엔 간절함이
더 깊은 상처로 남아
하나가 될 수 없었음에

눈 한쪽을 버리고도
소장, 대장 반쯤 떼내고도
연명하던 주변의 사람들

세상 다 잃고도
비탈길 모퉁이에
모여 모여 수다방 연다.

범나리

지인은 당신의 아내를 닮았다한다.
내 안의 모두를 시원하게 보여주는
솔직함을 닮았다나?
한점 한점 살펴보면 아내의 붉은 기미를 빼닮고
깊은 마음속 티끌 하나도 숨기지 못하는
아내의 그 진솔함이 나타나 함께하고픈 꽃
영원한 동반자 아내의 꽃!

개구리밥

그것도 꽃이라고,
며칠 전 연잎 위에서 일광욕하는
청개구리를 발견하고는 떠올렸다.
맑은 물을 뒤덮은 개구리밥
그 안에 그 밥을 먹은 올챙이가 있을까?
밤새 뒤척이다 이른 아침 달려가
개구리밥은 누가 먹냐? 묻는다.
올챙인가
개구리인가
그것은 아무도 모른단다.

명자해당화

여론은 분분했다.
이 꽃이 명자라면 내 딸은 어디 갔나?
이른 봄 홍역 앓다 세상 뜬 명자
그 어미는 인생 반나절 명자를 찾더니
해당화 앞에 앉아
먼 곳에 가지 않고 가까운 곳에서 피어주니
고맙네, 그려
고맙네, 그려

아당화

동물도 식물도 어린 것이
아주 작은 것이 예쁘다는데
붉게 태양을 삼킨 것처럼
작은 몸이 많은 것을 담았다
휘청거려도 불같은 열정이
새로운 시작을 알린다.

사랑한다.
사랑한다.
작은 가슴이 울렁댄다.

으아리 꽃받침

한 계절을 풍미한 으아리는
서럽게 꽃잎을 떨구고
그 잔해를 아쉬워 끌어안고 남아있다.
고고한 명품 사연들을
버릴 수 없어 안을 수 없어
긴 사연 부여잡고
낮 밤을 세고 또 센다.

부용화

시대를 거스른 여인의 속내가
넓은 잎 속으로 숨어들어 역사를 품다.
나라 지킨 여 전사들이
숲을 지킨 한여름 밤
별들의 기개가 쏟아져 내려
주변을 밝힌다.

하수오

저고리 짓던 여인네가
지루한 하루 보내고
치마폭 시치다 치마 끝에 담아낸 꽃
외줄 타고 오르던 넝쿨 끝에 팔월의 햇살이
미리 와있다 젖어들었다.

샤프란

노오란 달맞이꽃 뒷마당에 지천으로 피었다.
앞산 노고지리는 밤새 달맞이한 그 꽃에게
위로의 노래를 부르고
태양열판 구멍을 굴뚝으로 착각하고
집을 지은 참새는
아침부터 들락이며 초연의 햇살을 반긴다.
신작로를 따라 길게 늘어선 망초대 흰꽃은
옆집 할매를 닮았는지 세상 빛에 늘어졌다.
담 모퉁이 돌아 겨우 자리한
낮 달맞이꽃을 닮은 샤프란
수줍은 듯 햇살 머금고
향기마저 붉게 달아올랐다.

계절의 슬픔을 열정으로 담아내
불그죽죽 중천 햇살 닮아간다.
낮 달맞이꽃 부럽지 않다며

선인장 꽃(벨루스)

메마른 가지에 절망을 화려하게 담아냈다.
허리 휘도록 세상과 어둠과 그리고 꿈
자지러지도록 애절하게
절망 끝에서 빛을 발했다.
아비 양복 깃에 매달린 인생 훈장처럼
삶을 보여준 그 작은 뱃지 마냥
혼자 고독한 모습으로 살아있다.

돼지감자 꽃

알토랑 같은 분신 자랑 못해
피어났다.
습습하고 적적하니 판 벌리고
하늘 향해 장이 섰다.

어미는 그 판에 서서
무녀의 손끝 보며
허리 구부리며
비나이다.
비나이다.

두 개의 가슴 쓸어안으며
웃다가
울다가
알토랑 같은 분신을 생산하니
이슬은 햇살 따라 줄행랑이다.

후리지아 노란꽃

만신창이가 된 마음에
향기로 흐르던 꽃

이름마저 잃어버린 날
숫자로 전락하여 바람 맞던 날
목척교 계단 끝에서 만난 꽃

망막은 찢겨져 형상은
오래된 필름처럼 흔들리고
노오란 알약이 내 몸을 휘젓는데
그 꽃의 향기는
나를 위로한다.

바람 꽃

분명
손에 잡히지 않는 바람일진대
가슴은 왜 이리 시린지

동장군이 휘몰아치다
머문 자리에
새 싹으로 피어
정이월 시린 내 가슴에
홀연히 자리 잡은 꽃

흰 방울꽃

쥐꼬리 망초가 탈색했나?
의문을 던져본다.

제주각시
숨비소리로 영혼을 닦고
물가 그늘 밑에서
뭍에 두고 온 가슴 밑 사랑을
방울소리로 달랜다.

숨비소리 숨 고르는 소리
방울소리 마음 닦는 소리

목단꽃 향무香舞

목단 꽃 필 무렵 아비는 갔다.
흐드러진 자주 빛 그 바다에서
어미는 수繡를 놓는다.

떠난 님보다 남은 사랑의 찌꺼기 건사하기 위해
자주 옷고름 접으며 목단 꽃 피운다.

목단 꽃 피어나는 계절이 되면
깊이 묻어 두었던 자주 옷고름 펼치며
그 서러운 세월에
눈물 한 방울로 곱게 수를 놓는다

하나 남은 가슴속 자주 빛 바다로
흘러들어 함께하며
목단 꽃 필 무렵이면
어미는 접었던 자주 옷고름 펼쳐내

그 눈물 한 방울로
곱게 다림질을 한다.

작약 밭에서

작약밭길을 지나야만
만나는 벌곡 우체국 계단에 서서
그리운 당신께 엽서를 쓴다.
언제 어디서든 사연을 띄울지 몰라
들고 다니던 사각모퉁이 닳아빠진 엽서에
그리려던 당신의 모습에선

작약 풀내가 난다.
작약 꽃내가 난다.

오래전 미소 짓던 얼굴과 지금은 변했을
하얀 낮달의 미소가 어렴풋이 스밀 때
안타까운 건 하늘 높이 떠있는 구름처럼
잡을 수 없는 오월의 어느 날 그 향처럼
당신이 곁에 없다는 것이다.

가을 꽃 서광

내 몸에 흐르는 건 붉은 피가 아니다.

지나간 한 여름 더위를 이겨낸 용기
솔솔 피어나는 향기 또한
가을을 맞이하는 몸짓에 불과한데
찾아든 잠자리 움찔 놀라고
벌들은 목숨 건 침을 그에게로 향한다.

내 몸에 흐르는 건 진정 나의 진실인 것을
계절은 알 수조차 없다.
초가집 텃밭에나 싸릿문 앞에서나 활개 쳤던
그 순박함에 계절도 알바 아니다.
그저
서쪽 허물어져가는 노을빛에 물들었을 뿐이다.

겨울 꽃

밤새 뿌리를 내려도
낮 동안 피었던 꽃무릇을 만날 수 없고
밤새 목 놓아 울어도
야화를 만날 수 없는 것은 숙명인가보다
시도 때도 없이 극성이던
나비와 벌들의 교태 또한 외면한 채
당신을 기다렸다. 그것도 팔자려니

다음을 기약한 단풍의 외로운 사투 또한
땅속으로 부서져 내리지만
고독도 팔자라고 인정하고
계절 닮아 스스로 사라져
인연에
운명에
팔자에 넘겨 버리는 겨울 꽃
겨울마저 보낸 기다림의 연상이다.

능소화 사랑

님 그리다 그리다
애간장 다 녹아내려도
사랑을 그리다 그리다가
눈먼 여인아

이끼 낀 담장 아래
사랑을 딛고
끝끝내 피어오르리
능소화 사랑

당신이 못 오신대도
기다릴게요
저 하늘에 닿을 때까지

바람이 불어온대도
사랑할래요
이 생명 다할 때까지

3부

갈무리 속에 의연한 꽃

노을이 붉게 물들어 우리네 가슴을 설레게하던 서쪽엔 누가 살까?
동심으로 돌아가 한껏 부푼 가슴에 각인된
누나를 닮은 과꽃을 노래하고
구절초 핀 담장을 뛰어 넘어 사랑을 갈구하던 시절,
가끔 가슴에 꽃을 피우며 동경하게 된 전원생활의 꽃!
제일 먼저 씨 뿌렸던 가을 코스모스,
그러나 이름모를 야생화들이 밟혀도 밟혀도
변함없이 그 자리에서 웃음으로 반겨주는 의연했던 꽃이
서쪽에 살던 그를 회상하게 한다.
갈무리 속 불두화는 담장을 넘어
지나는 이들까지 가슴으로 안아준다.

| 詩! 꽃을 혁신하다 |

들국화

매미 울다 지치고
코스모스 피어 흐느적
가을에 기댄 모습 안쓰러워
당당하게 외친
여름이여!
이별을 고하는
노을에 취한 가을 여인

별천지 부추꽃

지나는 마을 할매들
“꽃 피기 전에 베어 먹지”
한마디씩 던지지만
별무리 보고파
한쪽 귀 닫아버린
별 바라기 그녀의 가슴 한켠
눈부시게 하얗다.

가지꽃

노란 수술 여섯 개
보랏빛 꽃잎도 여섯 개
작대기로 삐뚤빼뚤 줄 긋고
팔방놀이 하던 지난날 아이들 사라지고
우주를 빨아들인
가지 빛 열매가
가을에 환장한다.

금은화

은빛으로 피어나
서서히 금빛으로 떨어지는
인고의 작은 꽃
가시덤불 사이를 종횡무진
유유히 피어났다.

햇볕은 전광석화로 변화무쌍
얼굴을 바꾸는데
피어난 꽃무리에서
금빛으로 마무리하는
초연한 승리자
당연한 챔피언

동백꽃

그 좁은 공간에서
숨 막혀 터져버렸나
붉은 입술
가볍게 깨물며
가슴이 뜨거워
솟구쳤는가

얼마를 참았을까
그 긴긴 겨울을

정열아!
달빛도 휘영청
내장산 단풍 숲이
무색하구나

별꽃

길 잃은 어젯밤의 꿈들이
고요히 내려앉았다.
길손 없는 조용한 곳에 둥지 틀고
차분히도 내려앉았다.

두런두런
도란도란
밤새워 이어간 사연들
아직도 두서너 말
한적한 산길이 야단법석
온통 별밭이 되었다.

메꽃

구획정리하려고 높이 쌓아 놓은
철창 사이 비집고
아련한 판자촌 할머니
갈 곳 없어 한탄하는 소리에
세상 밖으로 나왔다

나팔꽃 피기 전에
복잡한 세상
햇살 들끓기 전에
한숨 돌리고 돌아가는
이른 아침의 꽃
그 할머니의 외침 소리다.

개불알꽃

그대 뛰는 가슴만큼
꽃잎은 자결하고
그 열기로 전해오는 파문은
전율로
샘 솟는다

해당화

꼭 다문 입술이 난 좋아

밀려오는 정열과
부딪치는 파도를 쓸어 모아
옹기종기
모여 앉아
날아갈세라

꼭 다문 입술이 난 좋아

목련

1.
그리움에 지친 여인네
실바람 가슴에 품고
외풍에 참다 참다
놓쳐버린 그리움 하나
마른 가지에 걸터앉았다

2.
꽃송이마다
여인의 속옷이 담겨있다
그녀의 꽃송이에서
성욕을 느끼는 건
당연하다

물먹은 가지 사이
내려앉은 태양

3.
사월 초순에 달빛
미간 사이

툭
떨어진 눈썹달 바라보며
오금 저린 밤

미세한 흔들림에도
옷을 벗는 꽃잎

국화

가을을 만드는
코스모스 열정에

난
겨울을 부르고 있다

금낭화

불길한 어젯밤의 꿈
연등 내걸어
잠재우고
사뿐사뿐 걸어오는
그대 작은 숨결
꽃 초롱으로 반긴다

길게 내민 저 손 끝에 매달린
사랑 하나
풍경소리와 밀착되어
가슴 열던 날
내일이면 그 사랑
찾아오려나!

산국화

산바람도 잊었는지 산은 고요하다

마음 외로운 저 산
그 외침도 무관심에
나도 외로운가보다

가슴 허전한 저 바위
그 노래엔 선율이 없다
그래서 허전한가보다

외로움인가
그리움인가
반겨줄 사람 하나 없어
산바람도 허둥댄다.

가스라기꽃

산 속 찾아와 마음을 비웠다
가졌던 모든 것을 태워 버렸다

글쎄
타오르던 붉은 노을마저
삼켜버렸다는군

백련

천년의 한
저 너른 광야에 풀어 제치고
삼백 예순 다섯 날을
손꼽아 기다린 날

진흙 밭에서
아름다운 순백의 꽃잎
휘날리며
가슴 깊은 곳 응어리진 짐
내려놓고
미소 짓던 날

그대는 날 포옹하며 반기더라.

홀아비바람꽃

들꽃 사이 비집고 뜬 눈
바람난 홀어미 유혹과 마주치다

잔잔했던
젖무덤 사이를 소용돌이치다
미치도록 끓어오른
열두 꽃잎의 반란

내려보던 만추의 밤송이
벌어진 껍질 버려두고
자결하는 모습에
찬바람마저 자멸한다.

할미꽃

할미꽃 한 모종에
삼천원 한다기에
청명 날 성묘 갔다
몇 뿌리 캐다 심어놓으니

피멍든 검붉은 꽃잎
잔털이 뽀송뽀송
엄마 품이 그리운지
꼬부라져
일어설 줄 모른다

해오라기

그리움에 복받쳐
외로움에 목메어
어지러운 일상 탈출하여
해오라기 날개 닮은
그대와 벗하였다

주검처럼 보낸
혼돈의 소용돌이 벗어내고
한가로이
햇살, 바람 그리고 구름 닮은
그대와 벗하였다

쑥부쟁이

새벽녘 이슬 사이로
아침을 맞이하는 건
욕심일까

햇살에 그리움 피어오르고
달빛에 외로움 굳어져 가는
사랑 한번 못해본 나를
당신은 아는지
모르는지

개쑥부쟁이

홍등가 여인처럼
삼류 웃음 파는 개쑥부쟁이
먼지도 소음도 그 작은 몸짓으로
어찌 감당하고 있는가
날아온 범나비
던지는 추파에
모든 것 던져버리고
나신의 여인이 되어버리는
나는 거리의 여인

산현호색

산은
무작정 달려드는 파도와
사랑에 빠져
전신을 애무하는 그에게
물들었다

유두처럼 일어선 산 아래
수줍은 바위틈
그늘진 낙엽 더듬던
그의 손길에
산은
바다색으로 변해버렸다

복수초

계절이 바뀐다는 것조차 감각에 없고
분명 세상을 보아야 할 운명 같은
다그침은 날 험지로 내밀었다.

바라보는 세상의 차가운 눈초리는
삼일 밤낮을
서럽게 울도록 만들고
그 눈물이 잔설되어
흐르던 날
태양은 그 눈을 녹이고
수려하게 치마 폭 펼친
그녀를 반기었다.

어리연

그때 나는
다섯 살배기 어린아이였다.

나를 닮은 어리연을 만난다는 것도
무엇을 떠올려야하는지
아직도 나는 모른다.

얼레지

지난 세월이 몇 닢이나 쌓였을까?

고운 날개 비단결로
흘러버리고
승무 손끝 애절함이
이슬방울 달리듯
비단 바람에도 떨어질
기세로 마음 끝 하나
흔들어버린 한 맺힌 무용수의 몸짓
그 열정이 몇 닢이나 쌓였을까?

동강 할미꽃 · 1

동강에 안긴 꽃
물소리 바람소리 사모하여
가파른 암벽에
매달려
가슴앓이 하소연
동강자락에 풀어 놓고
정선을 품은 꽃
굽이굽이 자주 옷고름
침전되어 아라리요
숨다가 숨다가 지쳐
한적한 뼝대 위
나래 접고 앉아
외줄타기 하면서도
하늘마저 품은 꽃

동강 할미꽃 · 2

동강을 사랑한 죄
질투의 하늘이 내린 저주로
가파른 언덕 위에 버려진 꽃

마른 버선발
돌 틈 사이 까치발로
파르르 솜털이 떨리는구나

연분홍 여섯 갈래
너울너울
그래도
하늘이 그리운지
올려보고 있는 꽃

4부

내일을 약속하는 겨울 꽃

봄꽃이 희망이라면 겨울 꽃은 내일을 약속하는 미래의 꽃이다.
차가운 추억의 소리에 스스로 피어나는 강인한 꽃으로
찬란한 미래를 담고 있다.
세월은 변하여 사계절 꽃들은 사람들이 보고 싶을 때 피어난다.
아니, 사람에 의해 피고 진다해도 과언은 아니지만 꽃은 꽃이다.
피고나면 고집 부리지 않고 때를 알아 낙화한다.
꽃잎 통째로 떨어지는 꽃이 있는가하면
낱잎으로 서서히 떨어지는 꽃이 있다.
어떤 꽃은 피어나 한번 옷을 갈아입고 떨어지기도 한다.
그래서 꽃이 조화롭다.

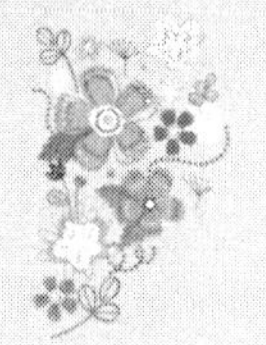

| 詩! 꽃을 헌신하다 |

노루귀

자연의 소리만 들을 거야
춤추는 봄의 소리
누구의 마음도 엿볼 수 있지만
흔들리는 바람소린
담을 수 없어
긴 터널 뚫고 일어서
솜털 사이로 봄 알리는
그 소리만 들을 거야

변산 바람꽃

봄처녀 반기지 않는
꽃샘바람
외로울까
동무하러 왔다.

좀딱취

누군가의 손에서 구름을 탔다.

아무도 알 수 없는 제주남쪽 끝자락에서
봄을 안고 바람도 재웠다
아내의 속옷 같은 부드러운 잠결에
꿈결 같은 꽃잠까지 잤다.
꿈 많은 소녀의 싱그러운
향기만큼이나 아름다운
미모에 갈 길을 잃었다

봄까치꽃

유기견의 외로움을 훔쳤다
길 고양이 야성마저 삼켰다
작은 몸매엔 버려진 욕망을 담았다

봄소식 들고 찾아온 텃밭에서
길 잃은 모든 것들의 소망을 담고는
저 달빛 따라
이지러지는 시간을
못내 아쉬워 몸부림치며
작은 소리로 답했다.

지금부터 봄이라고

꿩의 바람꽃

화려한 깃털 같은
꿈도 좋아라

무채색 잠엔
상상의 나래 펼 수 있어
돌아앉은 그 모습도
더 좋아라

설악바람꽃

심해의 그 고통을 한 숫쿰의 바람으로
쏟아내고 돌아선 그의 가슴에
각인된 설악의 숨소리를 담다

잔설도 아랑곳하고
복수초 노란 꽃술도 각인시켜
마음의 광명을 얻은
세작의 슬픈 마음 돌아서게 한
그날

실바람조차도 담은
설악의 대명사

진달래꽃

숨어서
숨어서
홀로 울다 가버리는

참꽃 가슴앓이에
온 산은 붉게 탄다.

야래향

가끔은 햇살도 외로운지
골목길 따라
그를 향해 달려오고
미련의 손길로 쓰다듬던 그 촉감이
달빛 아래
독한 향기를 발하게 한다.

제비꽃

강남 간 제비는
북향이 그리워 북을 향해 춤을 춘다

황금저고리에 보랏빛 치마로
환생하며 제비 닮아가다
그리움에 지쳐
맴맴 맴을 돌 때
명주잠 자던 새악시도
봄 들고 온 산들바람까지
돌고 돌고 또 돈다.

산자고 닮은 꽃(크로커스)

계절마저 아우성이다.

호떡집 불은 불도 아닌 것처럼
다섯갈래 꽃잎은 바람결 따라
나풀나풀 춤을 춘다

세상이 닳고 닳아서
무뎌진 열기가 열 갈래 스무 갈래
찢어지고 갈라졌지만
우뚝 솟은 그의 자존심이
금성도 삼켰다
목성도 삼켰다

유리호프스

나는 이름뿐 아니라
모든 것이 신비로웠으나
말할 수 없었다.

고향을 떠나
태생도 모른 체 떠돈 것도 아닌데
닮은 꼴 넘쳐나니
내 이름 찾는 세월이 길고 길어져
이제야 뿌리 내리고
나의 존재를 찾다

앵꽃

진즉 그랬어야 했다
제 몸의 기류를 가을에게 비웠고
메마른 대지에게 돌려주었다

역류하며 끓는 계절 끝에서
24절기를 되돌리며
아파트 음지 끝 한모퉁이
입춘을 기다리는
움파신세가 된
그녀는 겨울여자

가시꽃

잘려나간 가시나무 사이로
산까치 몰려와 줄서고 있다
아이들 재잘거림에도
질서가 깨지고
자동차 소음에는
분열이 일어난다.

하늘 빛 가끔 심통 나
구름으로 모이고
그림자 드리운 햇살 찾아
모였다 흩어지고
흩어졌다 모이는
세상사가 여기 전깃줄에
고스란히 남아있다

앵두나무 꽃

긴 동면을 깨고 일어난
그대는 왼쪽 가슴을 비워두세요
꽃샘바람을 맞이하는 나는
온 가슴 모두를 비울 테니
넓은 정원 뒤로하고 이사 온
도시 근교 비좁은 수돗가에
자리 잡은 앵두나무

그 꽃그늘 기다리다
마을처녀 도심으로 도심으로
마음은 날아가는데
그대는 왼쪽 가슴을 비워두세요.

산자고

날카로운 꽃잎은 제 마음이 아닙니다.

꽃 수술에 달린 꽃가루도 바람 탓하지 않고
깊은 숲속 낮은 자세로 겸손하게 피어나
결코
긴 여운으로 그대 마음에 자리 잡고 싶어
제 몸은 뾰족 지붕을 닮아갔나 봅니다.

뱀꼬리풀꽃

발길 잡는 고혹한 자태는
벌 나비 부르다
외면한 모습으로 하늘로 치솟고 있다.

가슴이 서늘해
그림자 잡고 있는
그대는 긴 혜성의 무리를 닮았다.
은하수 그 무리들을 빼닮았다.

용담꽃

하늘색 닮아 하늘 꽃

신의 계시를 받아 바다를 품더니
산길 칼바람도 품었다
당신이 슬플 때 사랑을 한다는
슬픈 시름의 형체는
꽃잎 갈래 조각 사이
청롱한 가을 하늘빛을
무수히도 담았다.

천상초

구름 위에 하늘이 있나
하늘이 구름을 먹었나
알 수 없는 기류가 저기압으로 흐를 때
꽃은 하나의 줄기로 피어나
지면을 감싸고 그 알 수 없는 미로에서
서성이다 구름을 타고
하늘 위로 달아났을까?
의문의 시작이다

기린초

옹기종기 모여 앉아 세상을 함께
얼기설기 엉켜 서서 시야를 넓히고
노란 꽃술이 별빛을 삼켰나 빛이 난다

여기저기 바라 본 대지의 현란함도
그냥저냥 마음가는 대로 담아내고는
햇살 머금은 이슬 따라 줄행랑이다

송엽국

솔잎 닮은 국화
나는 바다를 좋아해
눈 감아 버렸다.
국화도 닮았다는 나는
돌 틈 사이를 사랑해
고난을 감내하고 있다.

존재를 알리는 작은 몸매에
거대한 사명감도 실었다.

초화

밤새 불사르리라
온밤을 불태우리라
내 사랑이 올 때까지
초조함도 설레임도
그 또한 지나가리니
내 사랑이 올 때까지
차라리
몽우리로 기다리리다.

방울꽃

이소한 딱새는 시치미 떼고

자리 잡은 방울꽃은 고향마저 잊었으니
고층 앞 계단에 서서
또로롱 또로롱 소리를 내어도
귀 기울이는 이조차 없다.
딱새도 모르게
큰 잎사귀 뒤에 숨은
방울꽃을 그대는
기억할 리 없다.

물싸리

세월교 아래 물싸리 지천이다.

앵초보다 초화보다
작지만 빛나는 흰 꽃이다.
장마철 불어난 개울물
삼키다
삼키다
불어난 물만큼 피어나
가지 끝 보이지 않게 장식을 하고선
세월을 담아내고 있어

세월교 아래는 지천으로 물싸리다.

수수꽃다리

잔인한 달 사월은
움트는 새싹들에게 대지를 내주고
흐드러지던 봄꽃들은 아우성에 지쳐
꽃잠으로 잠시 쉬고 있을 때
오월까치는 넝쿨을 벗 삼아 날은다.

추억도 참 많다.

꽃향기에 젖어 노래 부르고
꽃향기에 물들어 사랑을 하고
꽃향기에 취해 행복을 찾는
허름한 고가古家를 품은 나는
촌스런 시골 아낙네 품에 있다.

꽃다지

우주 어느 곳이든 뿌리 내려
별무리 안겨주고 싶은 욕망으로
무작정 피어났다.

꽃이라 부르지 마라
혼돈하지도 마라
논두렁이든 밭두렁이든
어디든지 뿌리 내려
노래 부른다.
꽃보다 아름다운 모습으로
나는 피어났다고

천일화

하늘이 내린 그 시간들이
헤일 수 없는 날들의 연속이다.

어찌보면 산 딸 같기도 하고
돌아보면 들에 핀 뱀딸기 같기도 한
그 앙증맞은 크기로 천일을 어찌 견뎌낼까
시 한 편 빚어볼까
삼년하고도 예순세 날
드디어 찾은
단청 아래 여승을 만난 날
가슴속엔 봇물이 터졌다

사랑의 역류를 막지 못해
울다가
울다가
가슴으로 피어낸 꽃

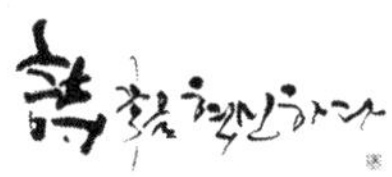

송은애 시집

초판 1쇄 | 2016년 8월 31일
2쇄 | 2016년 9월 9일

지 은 이 | 송은애
발 행 인 | 李憲錫
발 행 처 | 오늘의문학사
출판등록 | 제55호(1993년 6월 23일)
주 소 | 대전광역시 동구 대전로 867번길 52(한밭오피스텔 401호)
전화번호 | (042)624-2980
팩시밀리 | (042)628-2983
홈페이지 | http://www.lito77.co.kr(홈페이지)
전자우편 | hs2980@hanmail.net

공 급 처 | 한국출판협동조합
주문전화 | (070)7119-1752
팩시밀리 | (031)944-8234~6

ISBN 978-89-5669-772-7
값 9,000원